TERESINHA CAUHI DE OLIVEIRA

Monólogo da Natureza

Ilustrações FREDDY GALAN

FTD

EDITORA FTD S.A.
MATRIZ Rua Rui Barbosa 156 (Bela Vista) São Paulo
CEP 01326-010 Tel. 253 5011
FAX (011) 288 0132

Dados Internacionais de Catalogação na Publicação (CIP)
(Câmara Brasileira do Livro, SP, Brasil)

Oliveira, Teresinha Cauhi de.
Monólogo da natureza / Teresinha Cauhi de Oliveira ; ilustrações Freddy Galan. — 5. ed. — São Paulo : FTD, 1994.

ISBN 85-322-0199-7

1. Ecologia - Literatura infanto-juvenil 2. Literatura infanto-juvenil I. Galan, Freddy, 1945- II. Título.

94-0600 CDD-028.5

Índices para catálogo sistemático:
1. Ecologia : Literatura infanto-juvenil 028.5
2. Literatura infanto-juvenil 028.5

Editor de arte
Cláudio Cuellar
Revisão-coordenação
Adolfo José Facchini
Arte-montagem
Ana Maria Francischetti

Monólogo da Natureza

TERESINHA CAUHI DE OLIVEIRA

NOME: ____

SÉRIE E TURMA: ____________________________________

Síntese da obra

A natureza conta sua história desde a origem, quando tudo era harmonia — havia ar puro, águas límpidas, animais e plantas convivendo como irmãos —, até a atualidade triste e desesperadora — ar poluído, devastação, aridez, contaminação das águas, flora e fauna em extinção. Ela conclama as crianças a lutar contra essa situação sugerindo que participem de ações efetivas de proteção ambiental. A esperança da natureza é a educação das crianças para respeitarem e protegerem o que resta sobre a Terra.

Sugestões para entendimento e interpretação do texto

1. Quem é o narrador desta história? Podemos dizer que esta história tem um final feliz?

____

____

____

____

2. Por que a mensagem da Natureza se dirige às crianças?

____

____

____

____

____

3. Complete as frases e, com as palavras que você descobrir, preencha a cruzadinha que vem a seguir.

1 O lixo ______________ é radiativo e oferece perigo ao homem e à natureza em geral.

2. A ______________, que é o nosso planeta, está pedindo socorro ao homem.

3. Atualmente já existem muitas espécies de ______________ extintas.

4. O uso de ______________ prejudica a qualidade dos alimentos.

5. A poluição das ______________ ameaça a vida dos peixes.

6. Somente preservando a natureza o homem poderá viver em

_______________ com a Terra.

7. A esperança da natureza é a educação _______________ .

8. Além das já extintas, há muitas espécies de animais em vias

de _______________ .

9. As _______________ são devastadas porque o homem quer suas árvores.

10. O excesso de barulho que o homem produz causa poluição

_______________ .

11. Na maioria das grandes cidades o ar e a água estão _____

_______________ .

12. Promova e participe de ações efetivas para a ___________ do meio ambiente.

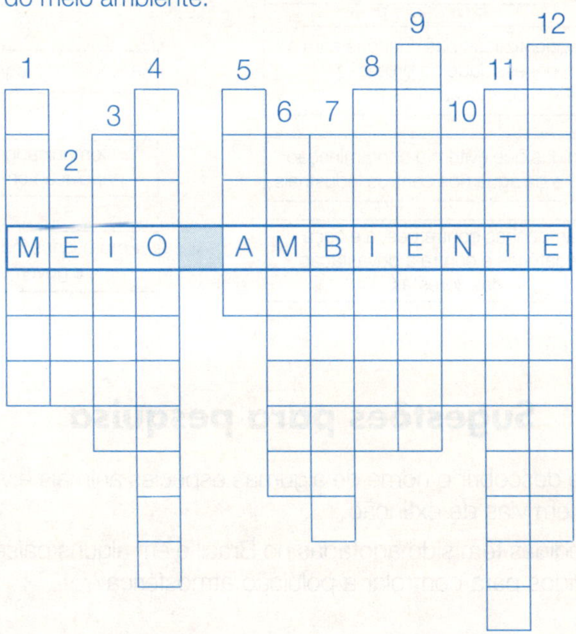

4. Nas ilustrações do livro há belos cartazes com mensagens de amor e proteção à natureza. Faça também os seus, criando frases que sensibilizem os homens para cuidarem melhor de nosso planeta!

5. Ligue:
Quem deve se responsabilizar?

Controle do uso de agrotóxicos na produção de alimentos	Políticos
Criação de leis de proteção ambiental	Educadores
Conscientização das crianças para a necessidade de proteção do meio ambiente	Fazendeiros e agricultores
Medidas que evitem a contaminação do ar e da água nos centros industriais	Comunicadores e população em geral
Campanhas contra pesca e caça predatórias e contra a devastação das florestas	Empresários industriais e governo

Sugestões para pesquisa

1. Procure descobrir o nome de algumas espécies animais e vegetais extintas e em vias de extinção.

2. Que medidas têm sido adotadas no Brasil e em alguns países mais desenvolvidos para controlar a poluição atmosférica?

Fui moldada no planeta Terra com carinho e equilíbrio. Meu crescimento foi exuberante e por muitos e muitos séculos me formei num berço cheio de beleza e de tranqüilidade.

Nos quatro cantos da Terra, a brisa do ar batia com seu frescor nas folhas brilhantes e viçosas das árvores.

As águas límpidas dos rios deixavam transparecer seus cardumes gigantes.

Os animais se atropelavam no espaço, tamanho era seu número.

Os homens descansavam à sombra das árvores e ao burburinho dos pássaros, após sua jornada de trabalho.

As flores perfumavam e enfeitavam campinas, pomares e jardins.

Plantas e animais viviam como irmãos. Que saudade!

Hoje, com toda certeza, você anda descontente com meu aspecto. Quem ousou interferir de forma incoerente na obra inicial?

Infelizmente, devo acusar o ser humano que, na sua ganância, ignorância e desrespeito, me tem mutilado. Minhas florestas estão devastadas.

Muitos animais e peixes estão extintos.

O solo está árido e seco.

O ar e a água estão contaminados; a poluição sonora ecoa no espaço.

Os alimentos sofrem os efeitos maléficos dos agrotóxicos; doenças e pragas invadem as plantações.

O lixo atômico anda solto por aí.
Enfim, está em ação o império da destruição.

Confesso que estou descrente e sem forças para bradar um pedido de socorro. Pobres homens! Sinto que seus olhos estão vendados e que os seus largos passos os estão levando a um caminho sem volta.

Que legado os homens de hoje deixarão para as gerações futuras? O ser humano é parte da Terra, não é dono da Terra!

Estou sofrendo, mas uma chama de esperança invade o meu espírito: a educação ambiental. É dela que espero o sopro de vida para recuperar, proteger e manter meu espaço vital.

Conclamo, em primeira instância, educadores, professores, comunicadores, cientistas, políticos, dirigentes de indústrias e fazendeiros para equilibrarem de novo as condições primordiais de meu ser. É preciso efetuar alternativas e soluções a médio e a curto prazo.

As ações de bom senso se ramificariam ultrapassando fronteiras e, por conseguinte, penetrariam na consciência de toda a população.

ERDE É VIDA
PRESERVE A
NATUREZA!
ABAIXO A
POLUIÇÃO!

O bom seria que cada ser humano e cada comunidade protegesse seu ambiente como se cuidasse de sua própria casa.

Ações de proteção ao meio ambiente, inseridas num espaço comunitário, refletem atitudes de envolvimento e participação, cujos exemplos modificam comportamentos em outros lugares.

Criança de hoje, conto com você para restabelecer o equilíbrio ecológico.

Conheça a minha natureza para respeitá-la.

Promova e participe de ações efetivas para a preservação do meio ambiente.

Assim se dará a comunhão do homem com a Terra. A minha restauração é a renovação da vida e a reconstrução de seu lar.

Impresso nas oficinas da
EDITORA FTD SA
Avenida Antonio Bardella, 300
Fones: 912-1905 e 912-8099
07220 GUARULHOS (SP)